L'homme qui gardait son argent dans une boîte

Anthony Trolope

Writat

Cette édition parue en 2023

ISBN : 9789359253442

Publié par
Writat
email : info@writat.com

L'HOMME QUI A GARDÉ SON ARGENT DANS UNE BOÎTE.

J'ai vu POUR LA PREMIÈRE FOIS l'homme qui gardait son argent dans une boîte au milieu du ravin de la Via Mala. J'ai échangé quelques mots avec lui ou avec sa femme à l'hospice, au sommet du Splugen ; et je fis sa connaissance dans la cour de l'hôtel de Conradi à Chiavenna . C'est cependant plus tard à Bellaggio , sur le lac de Côme, que cette connaissance mûrit en intimité. De nombreuses années se sont écoulées depuis, et je crois que ce petit épisode de sa vie peut être raconté sans douleur pour personne .

Son nom était -; disons pour le moment qu'il s'appelait Greene. Comment a-t-il appris que je m'appelais Robinson, je ne le sais pas, mais je me souviens bien qu'il m'a appelé par mon nom à Chiavenna . Mais revenons un instant à la Via Mala : j'étais depuis quelques jours au Golden Eagle de Tusis , que, soit dit en passant, je tiens pour la meilleure petite auberge de toute la Suisse. , et son hôtesse était, ou avait été, certainement la plus jolie hôtesse, — et le jour de mon départ vers le sud, j'avais continué à marcher dans la Via Mala, afin que la diligence puisse me chercher dans la gorge. Je considère ce col comme l'un des endroits les plus grandioses vers lesquels mes pas errants m'ont jamais conduit, et bien que je m'y sois déjà attardé pendant de nombreuses heures, j'y suis maintenant retourné pour faire mon dernier adieu à ses sombres rochers imposants, ses étroites chaussée et rivière rugissante, confiant à mon amie l'hôtesse de veiller à ce que mes bagages soient dûment emballés sur la diligence. Inutile de dire que mon amie n'a pas trahi sa confiance.

En sortant de la Suisse vers l'Italie, la route qui traverse la Via Mala monte un peu raide, et les passagers de la diligence peuvent marcher depuis l'auberge de Tusis dans la gorge et se frayer un chemin à travers la plus grande partie du ravin avant que le véhicule n'arrive. les dépasser. Or, M. Greene, sa femme et sa fille avaient omis de le faire. Lorsque la diligence me dépassa dans le défilé, les chevaux trottant pendant quelques mètres sur une partie plane de la route, j'aperçus le nez d'un homme appuyé contre la vitre de la vitre du coupé. Je voyais plus son nez que toute autre partie de son visage, mais pourtant je pouvais percevoir que son cou était tordu et son œil levé, et qu'il faisait un effort pénible pour regarder vers le sommet des rochers depuis sa position. à l'intérieur du chariot.

Il y avait un tel rugissement de vent et d'eau à cet endroit qu'il n'était pas possible de lui parler, mais j'ai fait signe avec mon doigt puis j'ai montré la route, indiquant qu'il aurait dû marcher. Il m'a compris, même si je n'ai pas compris pour le moment son geste de réponse. C'est plus tard, alors que je connaissais un peu ses habitudes, qu'il m'expliqua qu'en montrant sa bouche ouverte, il avait voulu signifier qu'il craindrait un mal de gorge en s'exposant à l'air de ce passage humide et étroit. .

Je me suis assis sur le siège couvert du conducteur à l'arrière de la diligence et, dans cette position, j'ai rencontré la neige soufflée du Splugen . Je pense que c'est le col le plus froid de tous. Près du sommet du col, la diligence s'arrête un moment , et c'est ici, si je me souviens bien, que les fonctionnaires autrichiens réclament les passeports des voyageurs . Au moins à cette époque, ils le faisaient. Ces fonctionnaires se sont maintenant retirés derrière le Quadrilatère , — bientôt, comme nous l'espérons, pour faire une nouvelle retraite, — et le district appartient au royaume d'Italie unie. Il y a ici un lieu de rafraîchissement ou d'hospice, dans lequel nous sommes tous allés quelques instants, et j'ai alors vu que mon ami à la gorge faible était accompagné de deux dames.

« Tu n'aurais pas dû rater la Via Mala », lui dis-je tandis qu'il se réchauffait les orteils devant l'immense poêle couvert.

« Tout nous manque », dit l'aînée des deux dames, qui était pourtant beaucoup plus jeune que monsieur, et pas beaucoup plus âgée que son compagnon.

« Je l'ai bien vu, maman, dit la plus jeune ; sur quoi maman lui lança un coup de tête et se décida, comme je le pensais, à se venger bientôt de sa belle-fille. J'ai observé que Miss Greene appelait toujours sa belle-mère maman à la première approche d'un étranger, afin que la nature du lien qui les unissait puisse être comprise. Et j'ai observé aussi que la dame aînée secouait toujours la tête lorsqu'on lui parlait ainsi.

"Nous n'avons pas l'intention de nous amuser avant d'être descendus au lac de Côme", a déclaré M. Greene. Tandis que je le regardais recroquevillé devant le poêle et que je voyais à quel point il était opprimé par ses grands manteaux et ses couvertures chaudes pour la gorge, je convins tout à fait avec lui qu'il n'avait pas encore commencé à s'amuser. Puis nous avons tous repris nos places, et je n'ai plus revu les Greene jusqu'à ce que nous nous retrouvions blottis les uns contre les autres dans la grande cour de l'hôtel de Conradi à Chiavenna .

Chiavenna est la première ville italienne que le touriste arrive par cette route, et je ne connais aucune ville du nord de l'Italie qui soit si étroitement entourée de beaux paysages. Le voyageur qui y descend depuis la route de Splugen est abasourdi par la beauté des vallées, c'est-à-dire s'il fait en sorte de pouvoir les voir sans appuyer son nez contre la vitre d'une voiture. Et puis, depuis la ville elle-même, il y a des promenades de deux, trois et quatre heures, qui, je crois, sont inégalées pour leurs beautés sauvages et parfois surprenantes. On pénètre dans de petites vallées vertes comme des émeraudes, et entourées de tous côtés de rochers gris et brisés, dans lesquelles des Rasselas italiens auraient pu vivre dans un parfait bonheur ; et puis encore, on découvre des vues lointaines en amont des cours d'eau, délimitées au loin par les contreforts des Alpes, qui sont parfaites, et auxquelles l'imagination ne peut ajouter aucun charme supplémentaire. L'hôtel de Conradi n'est pas non plus mauvais ; ou ne l'était pas à cette époque. Pour ma part, j'ai tendance à penser que les hôtels italiens ont reçu une réputation pire qu'ils ne le méritent ; et je dois avouer que, ne recherchant que le confort de mes créatures, je préférerais rester une semaine au Golden Key à Chiavenna , plutôt qu'avec mon hôte du King's Head dans la ville commerciale florissante de Muddleboro , aux frontières du Yorkshire et du Lancashire.

Je suis toujours assez soucieux de ma chambre en voyage, et après avoir réservé une chambre donnant sur les montagnes, j'étais retourné dans la cour pour récupérer mes bagages avant que M. Greene ait réussi à se rendre compte de sa position ou à comprendre qu'il devait prendre sur lui la tâche d'installer sa famille pour la nuit dans l'hôtel qui l'entourait. Quand je suis descendu, il était en train d'enlever le dernier de trois grands manteaux, et quatre serveurs autour de lui le suppliaient de leur dire de quel logement il aurait besoin. M. Greene donnait diverses instructions très urgentes au conducteur concernant ses loges ; mais comme celles-ci étaient données en anglais, je ne fus pas surpris de constater qu'elles n'étaient pas suivies exactement. L'homme, cependant, était beaucoup trop courtois pour dire dans n'importe quelle langue qu'il ne comprenait pas chaque mot qu'on lui disait. Miss Greene se tenait à l'écart, ne faisant rien. Comme elle n'avait que dix-huit ans, c'était bien entendu son affaire de ne rien faire ; et c'était une très jolie petite fille, qui n'ignorait nullement sa propre beauté, et possédait tout à fait assez d'esprit pour lui permettre d'en tirer le meilleur parti.

M. Greene était très tranquille dans ses démarches, et les quatre serveurs étaient presque réduits au désespoir.

«Je veux deux chambres à coucher, un dressing et un dîner», dit-il enfin, parlant très lentement et dans sa propre langue. Je ne pouvais pas du tout l'aider en le traduisant en italien, car je ne parlais pas moi-même un mot de cette langue ; mais j'ai suggéré que l'homme comprendrait le français. Le serveur, cependant, comprenait l'anglais. Les serveurs comprennent toutes les langues avec une facilité merveilleuse ; et celui-ci suggéra maintenant à Mme Greene de le suivre à l'étage. Mme Greene, cependant, ne voulait pas bouger avant d'avoir vu que ses cartons étaient en bon état ; et comme Mme Greene était aussi une jolie femme, je me trouvai obligé de m'appliquer à son aide.

"Oh, merci", dit-elle. « Les gens sont tellement stupides qu'on ne peut vraiment rien faire avec eux. Et quant à M. Greene, il ne sert à rien. Vous voyez cette boîte, la plus petite. J'ai là-dedans des bijoux d'une valeur de quatre cents livres , et c'est pourquoi je suis obligé d'en prendre soin.

"En effet", dis-je, plutôt surpris par ce degré de confiance en une connaissance plutôt courte. « Dans ce cas, je ne m'étonne pas que vous soyez prudent. Mais n'est-ce pas peut-être un peu téméraire…

«Je sais ce que tu vas dire. Eh bien, c'est peut-être téméraire. Mais quand vous allez devant les tribunaux étrangers, que devez-vous faire ? Si vous possédez ce genre de choses, vous devez les porter.

Comme je ne possédais moi-même rien de pareil et que je n'avais pas l'intention de saisir un tribunal étranger, je ne pouvais pas discuter avec elle. Mais je l'aidai à rassembler un énorme tas de bagages, parmi lesquels se trouvaient sept grandes caisses couvertes de toile, comme celles que les dames portent souvent avec elles en voyage. Celui qu'elle représentait comme étant plus petit que les autres, et portant des bijoux , pouvait mesurer environ un mètre de long sur un pied et demi de profondeur. Ignorant en ces matières, j'aurais cru qu'il suffisait de porter toute la garde-robe d'une dame pendant douze mois. Une fois les boîtes rassemblées, elle s'assit sur l'écrin et me regarda en face. C'était une jolie femme, âgée d'environ trente ans, avec de longs cheveux jaune clair , qu'elle laissait échapper de son bonnet, sachant peut-être que cela ne lui convenait pas ainsi échevelée . Sa peau était très délicate et son teint était beau. En fait, son visage aurait été tout à fait séduisant s'il n'y avait pas eu un manque de douceur dans ses yeux. Ses mains aussi étaient douces et petites, et dans l' ensemble on peut dire qu'elle possédait une forte batterie d'attirances féminines. Elle savait aussi très bien comment les utiliser.

« Whisper », me dit-elle, avec une aspiration particulière mais très appropriée sur le h — « Wh-hisper », et à la fois par l'aspiration et l'utilisation du mot, je savais immédiatement de quelle île elle venait. "M. Greene garde également tout son argent dans cette boîte ; donc je ne l'ai jamais laissé hors de ma vue un seul instant. Mais quoi que vous fassiez, ne lui dites pas que je vous l'ai dit.

Je posai la main sur mon cœur et j'affirmai solennellement que je ne divulguerais pas son secret. Je n'aurais cependant pas dû m'inquiéter beaucoup à ce sujet, car tandis que je montais les escaliers, gardant un œil sur la précieuse malle, M. Greene s'est adressé à moi.

« Vous êtes Anglais, M. Robinson, dit-il. J'ai reconnu que je l'étais.

«Je suis un autre. Mais ma femme est irlandaise. Ma fille, issue d'un ancien mariage, est également anglaise. Vous voyez cette boîte là.

"Oh, oui," dis-je, "je le vois." J'ai commencé à être tellement fasciné par la boîte que je ne pouvais plus la quitter des yeux.

« Je ne sais pas si c'est prudent ou non , mais j'y garde tout mon argent ; mon argent pour voyager, je veux dire.

"Si j'étais vous, alors," répondis-je, "je n'en parlerais à personne ."

« Oh non, bien sûr que non, » dit-il ; « Je ne devrais pas penser à en parler. Mais ces brigands en Italie enlèvent toujours ce que vous avez sur vous, mais ils ne se mêlent pas des lourds bagages.

« Lettres de change ou notes circulaires », suggérai-je.

"Ah oui; et si vous ne pouvez pas vous identifier ou si vous avez mal à la tête, vous ne pouvez pas les changer. J'ai demandé à un vieil ami, qui est lié à la Banque d'Angleterre depuis cinquante ans, et il m'a assuré qu'il n'y avait rien de tel que les souverains.

"Mais vous n'en obtenez jamais la valeur."

«Eh bien, pas tout à fait. On perd un franc, ou un franc et demi. Mais il y a quand même une certitude, et c'est là la grande question. Un souverain anglais ira n'importe où », et il prononça ces mots avec un triomphe considérable.

"Sans doute, si vous consentez à perdre un shilling sur chaque souverain."

« En tout cas, j'en ai trois cent cinquante dans cette boîte », dit-il. «Je les fais confectionner en rouleaux de vingt-cinq livres chacun.»

Je lui recommandai de nouveau de garder son arrangement aussi privé que possible, conseil qui, je l'avoue, me parut très nécessaire, puis je m'en allai dans ma propre chambre, après avoir d'abord accepté une invitation de Mme. Greene se joindra à leur fête au dîner. « Faites », dit-elle ; "Nous avons été si ennuyeux et ce sera si agréable."

Je n'avais pas besoin d'être très pressé pour me joindre à une soirée dans laquelle se trouvaient une fille aussi jolie que Miss Greene et une femme aussi séduisante que Mme Greene. J'acceptai donc volontiers l'invitation et m'en allai faire ma toilette. Ce faisant, je passai devant la porte de la chambre de M. Greene et vis la longue file de boîtes qui était portée au centre de celle-ci.

J'ai passé une agréable soirée, avec cependant un ou deux légers inconvénients. Quant au vieux Greene lui-même, il était tout ce qu'il y avait d'aimable ; mais ensuite il était nerveux, plein de soucis et quelque peu ennuyeux. Il voulait des renseignements sur mille points, et ne semblait pas comprendre qu'un jeune homme pût préférer la conversation de sa fille à la sienne. Non qu'il ait montré aucune sollicitude pour empêcher la conversation de sa fille. J'aurais été parfaitement libre de parler à l'une ou l'autre de ces dames s'il n'avait pas voulu accaparer toute mon attention sur lui. Il avait également trouvé ennuyeux d'être seul avec sa femme et sa fille ces six dernières semaines.

C'était un petit homme de réserve, âgé probablement de plus de cinquante ans, qui m'a fait comprendre qu'il avait vécu à Londres toute sa vie et qu'il avait fait fortune dans cette ville. Ce qu'il avait fait dans la ville pour faire fortune, il ne le disait pas. Si je l'avais rencontré là-bas, j'aurais sans doute trouvé en lui un homme d'affaires avisé, tout à fait compétent pour m'enseigner bien des leçons utiles que j'ignorais aussi qu'un enfant. S'il m'avait surpris à la Bourse, au Lloyd's ou dans la grande salle de la Banque d'Angleterre, j'aurais été obligé de tout lui demander. Or, dans cette petite ville sous les Alpes, il était aussi perdu que je l'aurais dû l'être dans Lombard Street, et il était assez prêt à se tourner vers moi pour obtenir des renseignements. Je n'étais nullement hésité à lui donner mes conseils et à lui faire part de mes idées sur les choses en général dans cette partie du monde ; seulement j'aurais préféré pouvoir me montrer courtois envers sa fille.

Au cours de la conversation, il lui fut mentionné qu'ils avaient l'intention de séjourner quelques jours à Bellaggio , qui, comme tout le monde le sait, est un point central du lac de Côme et un lieu de repos préféré des voyageurs . Il y a trois lacs qui se rencontrent tous ici, et auxquels nous donnons à tous le nom de Côme. On les appelle proprement les lacs de Côme, de Colico et de Lecco ; et Bellaggio est le point où leurs eaux se rejoignent. J'étais à moitié décidé à y dormir une nuit, sur la route de l'Italie, et maintenant, en entendant leur intention, je déclarai que telle était mon intention.

"Comme c'est très agréable", a déclaré Mme Greene. « Ce sera tout à fait délicieux d'avoir quelqu'un pour nous montrer comment nous installer, car vraiment… »

"Ma chérie, je suis sûr que tu ne peux pas dire que tu as déjà eu beaucoup de problèmes."

« Et qui le fait alors, M. Greene ? Je suis sûr que Sophonisba ne fait pas grand-chose pour m'aider.

« Vous ne me le permettrez pas », dit Sophonisba , dont je n'avais pas entendu le nom auparavant. Son papa l'avait appelée Sophie dans la cour de l'auberge. Sophonisba Greene ! Sophonisba Robinson ne sonnait pas si mal à mes oreilles, et j'avoue que j'avais essayé les noms ensemble. Son papa m'avait dit qu'il n'avait pas d'autre enfant et qu'il avait fait fortune.

Et puis il y eut un petit concours de famille quant à la quantité de travail de voyage qui incombait à chacun des membres du groupe, au cours duquel je me retirai à l'une des fenêtres de la grande pièce de devant dans laquelle nous étions assis. Et quelle part de ce travail est accessoire aux activités touristiques ! Et combien de fois ces petits concours surviennent au cours d'un voyage ! Qui a déjà voyagé sans les connaître ? J'avais pris une position telle à la fenêtre qu'elle aurait pu, pensais-je, me mettre hors de portée de l'audition ; mais néanmoins, de temps en temps, un mot me venait à l'oreille à propos de cette précieuse boîte. «Je ne l'ai jamais quitté *des* yeux depuis que j'ai quitté l'Angleterre», a déclaré Mme Greene, parlant rapidement et avec un accent considérable induit par son énergie. "Où serait-il à Bâle si je n'en avais pas pris soin ?" « Tout à fait en sécurité, » dit Sophonisba ; "Ces grosses choses sont toujours en sécurité." « Vraiment, mademoiselle ? C'est tout ce que vous en savez. Je suppose que votre coffre-à-bonnet était en sécurité lorsque je l'ai trouvé sur le quai à… à… j'ai oublié le nom de l'endroit ?

« Freidrichshafen », dit Sophonisba , avec une quantité presque inutile de compétence teutonique dans sa prononciation. "Eh bien, maman, tu m'en as parlé au moins vingt fois." Peu de temps après, les dames les emmenèrent dans leurs propres chambres, fatiguées d'un voyage de deux jours et d'une nuit, et M. Greene s'endormit profondément dans le fauteuil très inconfortable dans lequel il était assis.

Le lendemain matin, à quatre heures, nous partîmes en route.

> «Se coucher tôt et se lever tôt
> est le moyen d'être en bonne santé, riche et sage.»

Nous connaissons tous cette leçon, et beaucoup d'entre nous y croient ; mais si la leçon est vraie, les Italiens devraient être les plus sains, les plus riches et les plus sages de tous les hommes et de toutes les femmes. Trois ou quatre heures leur semblent une heure tout à fait naturelle pour commencer le travail de la journée. Pourquoi aurions-nous dû partir de Chiavenna à quatre heures pour pouvoir attendre le bateau une heure et demie sur le petit quai de Colico , je ne le sais pas ; mais telle était notre destinée. Nous y restâmes une heure et demie ; Mme Greene assise obstinément sur la seule boîte importante. Elle l'avait désigné comme étant plus petit que les autres, et comme tous les sept étaient maintenant alignés, j'eus l'occasion de les comparer. C'était quelque chose de plus petit, peut-être d'un pouce de moins haut et d'un pouce et demi de moins. C'était une femme pointue et elle observait mon examen minutieux. «Je le sais toujours», dit-elle dans un murmure fort, «à ce petit trou dans la toile», et elle posa le doigt sur une légère déchirure à l'une des extrémités. « Quant à Greene, si un de ces brigands italiens s'en allait avec cela sur les épaules, sous les yeux, il n'en serait pas plus sage. Comme vous êtes impuissants, M. Robinson ! »

"C'est une bonne chose pour nous d'avoir des femmes pour s'occuper de nous."

— Mais vous n'avez personne pour veiller sur vous ; ou peut-être l'avez-vous laissée derrière vous ?

"Non en effet. Je suis encore tout seul au monde. Mais ce n'est pas ma faute. J'en ai demandé une demi-douzaine.

"Maintenant, M. Robinson!" Et ainsi le temps s'écoula sur le quai de Colico , jusqu'à ce que le bateau vienne nous emmener. J'aurais préféré passer mon temps à me rendre agréable à la jeune dame ; mais la jeune dame se tenait à l'écart, levant le nez, comme je le pensais, vers sa maman.

Je n'essaierai pas de décrire le paysage de Colico . La petite ville elle-même est un des endroits les plus ignobles du monde, n'ayant aucun logement pour les voyageurs et étant excessivement insalubre ; mais il y a très peu de choses au nord ou au sud des Alpes, et peut-être, dois-je ajouter, très peu ailleurs, pour battre la beauté des montagnes qui se regroupent autour de la tête du lac. Après que nous fûmes assis sur ces caisses pendant une heure et demie, nous fûmes montés à bord du bateau à vapeur, qui se trouvait à peu de distance du rivage, et alors nous commençâmes notre voyage. Bien sûr , il fallait beaucoup d'efforts et de soins pour transporter les colis du rivage jusqu'au bateau, et j'ai observé que quiconque ayant un demi-œil dans la tête aurait pu voir que l'anxiété mentale dépensée pour cette seule boîte qui était marqué par le petit trou dans la toile dépassait de loin celui qui était étendu aux six autres boîtes. «Ils méritent qu'on le vole, me disais-je, parce qu'ils sont si stupides.» Et puis nous sommes descendus prendre le petit déjeuner dans la cabane.

«Je suppose que cela doit être sûr», m'a dit Mme Greene, ignorant le fait que le garçon de cabine comprenait l'anglais, alors qu'elle venait de commander des côtelettes de veau dans cette langue.

"Aussi sûr qu'une église", répondis-je, ne souhaitant pas accorder beaucoup d'importance apparente au sujet.

"Ils ne peuvent pas l'emporter ici", a déclaré M. Greene. Mais il était innocent de toute tentative de plaisanterie et me regardait de tous ses yeux.

"Ils pourraient le jeter par-dessus bord", a déclaré Sophonisba . J'ai immédiatement décidé qu'elle ne pouvait pas être une fille de bonne humeur. Dès que le petit déjeuner fut terminé, Mme Greene revint à l'étage, et je la trouvai assise sur l'un des bancs près de l'entonnoir, d'où elle pouvait garder les yeux fixés sur la boîte. «Quand on est obligé de transporter ses bijoux avec soi, il faut faire attention, monsieur Robinson», me dit-elle en s'excusant. Mais je commençais à en avoir marre de la boîte, et l'entonnoir était chaud et désagréable, alors je l'ai quittée.

J'avais décidé que Sophonisbe était de mauvaise humeur ; mais elle était néanmoins jolie, et je fis maintenant quelques petites manœuvres dans le but d'engager la conversation avec elle. Ce que je fis bientôt, et fus surpris de sa franchise. «Comme tu dois être fatigué de maman et de sa boîte», me dit-elle. A cela je fis quelque réponse, déclarant que j'étais plutôt intéressé qu'autrement à la sécurité de la précieuse malle. « Cela me rend malade, dit Sophonisba , de l'entendre parler ainsi à un parfait inconnu. J'ai entendu ce qu'elle a dit à propos de ses bijoux .

« Il est naturel qu'elle soit inquiète, dis-je, vu qu'il contient tant de choses précieuses. »

"Pourquoi les a-t-elle amenés?" dit Sophonisbe . « Elle a réussi à vivre très bien sans bijoux jusqu'à ce que papa l'épouse, il y a environ un an ; et maintenant, elle ne peut plus voyager pendant un mois sans les trimballer partout avec elle. Je serais si heureux si quelqu'un les volait.

"Mais tout l'argent de M. Greene est là aussi."

« Je ne veux pas que papa soit dérangé, mais je déclare que j'aimerais que la boîte soit perdue pendant un jour ou deux. Elle est tellement idiote ; ne le pensez-vous pas, M. Robinson ?

A cette époque, il y avait à peine quatorze heures que j'avais fait leur connaissance dans la cour de l'hôtel de Conradi , et de ces quatorze heures plus de la moitié s'étaient passées au lit. Je dois avouer que je considérais Sophonisbe comme presque plus indiscrète que sa belle-mère. Néanmoins, elle n'était pas stupide, et j'ai continué ma conversation avec elle pendant la plus grande partie de la descente du lac vers Bellaggio .

Ces paquebots qui parcourent le lac de Côme et le lac Majeur transportent leurs passagers dans les villes riveraines au moyen de petites barques à rames, et les personnes qui vont débarquer ont généralement leurs propres articles. prêts à prendre la main lorsque viendra leur tour de quitter le paquebot. Alors que nous approchions de Bellaggio , j'ai levé les yeux sur mon propre porte-manteau et, désignant la belle colline couverte de bois qui se dresse à la fourche des eaux, j'ai dit à mon ami Greene qu'il était près de sa destination. «Je suis très heureux de l'entendre», dit-il avec complaisance, mais il ne s'occupait pas pour le moment des caisses. Puis le petit bateau accosta à côté du paquebot, et les passagers en direction de Côme et de Milan se pressèrent sur le côté.

«Nous devons monter dans ce bateau», ai-je dit à Greene.

"Absurdité!" il s'est excalmé.

"Oh, mais nous l'avons fait."

"Quoi! mettez nos cartons dans ce bateau », a déclaré Mme Greene. "Oh cher! Tiens, batelier ! il y en a sept de ces boîtes, toutes blanches comme celle-ci », et elle montra celle qui avait le trou dans la toile. « Dépêchez-vous. Et il y a deux sacs, ma trousse de toilette et le portemanteau de M. Greene. M. Greene, où est votre valise ?

Le batelier auquel elle s'adressait ne comprenait sans doute pas un mot d'anglais, mais néanmoins il savait ce qu'elle voulait dire et, étant bien habitué au travail, il rassembla tous les bagages en un nombre incroyablement réduit d'instants.

"Si vous descendez dans le bateau," dis-je, "je veillerai à ce que les bagages vous suivent avant de quitter le pont."

« Je ne bougerai pas, dit-elle, tant que je n'aurai pas vu cette boîte soulevée. Prends soin de toi; tu le laisseras tomber dans le lac. Je sais que tu le feras."

«J'aurais aimé qu'ils le fassent», me murmura Sophonisba à l'oreille.

M. Greene ne dit rien, mais je vis que ses yeux étaient fixés avec autant d'anxiété sur ce qui se passait que ceux de sa femme. Mais les trois Verts étaient enfin à bord, ainsi que tous les colis. Puis je les ai suivis, mon porte-manteau étant tombé avant moi, et nous sommes partis pour Bellaggio . Jusqu'à cette époque, la plupart des domestiques autour de nous comprenaient un mot ou deux d'anglais, mais maintenant ce serait bien si nous pouvions trouver quelqu'un dont les oreilles ne seraient pas étrangères au français. En ce qui concerne M. Greene et sa femme, j'ai constaté qu'ils devaient abandonner toute conversation, car ils ne connaissaient aucune autre langue que la leur. Sophonisbe savait se faire comprendre en français et était tout à fait à l'aise, comme elle me l'a assuré, en allemand. Et puis le bateau s'est échoué sur le rivage de Bellaggio , et nous avons tous dû retourner travailler dans le but de nous loger à l'hôtel qui domine l'eau.

J'avais appris auparavant que les Greene n'avaient aucun problème à cet égard, car leurs chambres leur avaient été prises avant qu'ils ne quittent l'Angleterre. S'appuyant sur cela, Mme Greene se donnait des airs considérables dès que son pied touchait le rivage, et ordonnait aux gens de se déplacer comme si elle était la dame suprême de Bellaggio . Les Italiens, cependant, sont habitués à cela de la part de voyageurs d'une certaine description. Ils ne sont jamais mécontents d'un tel comportement, mais l'inscrivent simplement dans le projet de loi avec les autres articles. Les paroles de Mme Greene à cette occasion étaient assez innocentes, puisqu'elles étaient anglaises ; mais si j'avais été ce maître d'hôtel qui descendait à la plage avec ses beaux cheveux noirs brillants et sa serviette sous le bras, j'aurais trouvé ses manières très insolentes.

En fait, c'était effectivement ce que je pensais et j'étais enclin à être en colère contre elle. Elle devait rester quelque temps à Bellaggio et il lui fallait donc , comme elle le pensait, assumer immédiatement le caractère de grande dame. Jusqu'alors, elle avait été assez disposée à faire le travail, mais maintenant elle commença à commander pour M. Greene et Sophonisba ; et, à ce qu'il me semblait, de me commander aussi. Je n'ai pas vraiment apprécié cela; alors , la laissant toujours parmi ses bagages et ses satellites, je me dirigeai vers l'hôtel pour voir ma propre chambre. J'ai bu de l'eau de Seltz, je suis resté à la fenêtre pendant trois ou quatre minutes, puis j'ai parcouru la pièce de long en large. Mais les Verts n'étaient toujours pas là. Comme je m'étais rendu à Bellaggio dans le seul but de voir quelque chose de plus de Sophonisbe , il ne me convenait pas de me quereller avec eux, ni de leur permettre de s'installer dans leur salon privé, au point d'en être exclu. Je retournai donc vers le chemin par lequel ils devaient monter, et rencontrai le cortège près de la maison.

Mme Greene la conduisait avec une grande majesté, le serveur aux cheveux brillants marchant à ses côtés pour lui indiquer le chemin. Puis arrivaient tous les bagages, chaque porteur portant une caisse recouverte de toile blanche. Ce qui était sans aucun doute si précieux était transporté à côté de Mme Greene, afin qu'elle puisse à tout moment jeter un œil sur le loyer de valeur bien connu. J'avoue que je n'ai pas observé le trou au passage du train, ni compté le nombre de cartons. Sept cases toutes semblables, c'est beaucoup ; puis ils furent suivis par trois autres hommes avec les articles de qualité inférieure : le portemanteau de M. Greene, le sac à tapis, etc., etc. Au bout de la file, j'ai trouvé M. Greene, et derrière lui Sophonisba . « Toutes vos fatigues seront terminées maintenant », dis-je au monsieur, estimant qu'il était bon de ne pas être trop particulier dans mes attentions envers sa fille. Il haletait sous un terrible manteau, ayant oublié que les rives d'un lac italien ne sont pas si froides que les sommets des Alpes, et ne me répondit pas. "Je suis sûr que je l'espère", a déclaré Sophonisba . "Et je conseillerai à papa de ne pas aller plus loin à moins qu'il ne puisse persuader Mme Greene de renvoyer ses bijoux à la maison." « Sophie, ma chère, dit-il, pour l'amour du ciel, ayons un peu de paix puisque nous sommes ici. De tout ce que j'ai compris, M. Green n'avait pas eu de chance dans sa deuxième aventure matrimoniale. Nous nous dirigeâmes ensuite lentement vers l'hôtel, après avoir été complètement éloignés par les porteurs, et lorsque nous arrivâmes à la maison , nous constatâmes que les différents colis étaient déjà transportés à travers la maison, les uns par ici et les autres par là. Pendant ce temps, Mme Green parlait fort à la porte de son propre salon.

"M. Greene, dit-elle dès qu'elle aperçut son époux lourdement opprimé, car le soleil de midi était levé, M. Greene. Greene, où es-tu ?

"Ici, ma chère", et M. Greene se jeta haletant dans le coin d'un canapé.

«Un peu d'eau de Seltz et de cognac», ai-je suggéré. Le cœur le plus intime de M. Greene fit un bond à cette allusion, et rien de ce que sa femme remontrance pourrait dire ne l'inciterait à bouger, jusqu'à ce qu'il ait apprécié la délicieuse boisson. Entre- temps , la boîte avec le trou dans la toile avait été perdue.

Oui; quand nous sommes venus enquêter, compter les colis et savoir où nous étions, la boîte avec le trou dans la toile n'était pas là. Ou, en tout cas, Mme Greene a dit que ce n'était pas là. J'ai travaillé dur pour le rechercher et je suis même allé dans la chambre de Sophonisbe pour le chercher. Chez Sophonisbe Dans la chambre à coucher, il n'y avait qu'une seule boîte recouverte de toile. «C'est le mien», dit-elle, «et c'est tout ce que j'ai, sauf ce sac.»

« Où diable cela peut-il être ? dis-je en m'asseyant sur la malle en question. Sur le moment, je pensais presque qu'elle avait contribué à le cacher.

"Comment puis-je le savoir?" elle a répondu; et je crus qu'elle aussi était consternée. « Quelle idiote cette femme est ! »

"La boîte doit être dans la maison", dis-je.

« Trouve-le, pour l'amour de papa ; il y a un bon garçon. Il sera tellement misérable sans son argent. Je l'ai entendu dire qu'il n'avait que deux livres dans son sac à main.

"Oh, je peux lui laisser de l'argent pour continuer", répondis-je avec grandeur. Et puis je suis parti prouver que j'étais un bon garçon et j'ai fouillé toute la maison. Deux boîtes blanches avaient été laissées en bas, sur ordre, car elles ne seraient pas nécessaires ; et ces deux-là étaient dans une grande armoire du hall, qui servait expressément à ranger les bagages. Et puis il y en avait trois dans la chambre de Mme Greene, qui avait été prise là comme contenant l'armoire dont elle aurait besoin pendant son séjour à Bellaggio . J'ai fouillé chacun d'entre eux moi-même pour voir si je pouvais trouver le trou dans la toile. Mais le trou dans la toile n'était pas là. Et laissez-moi compter comme je le ferais, je n'en distinguais que six. Or, il y en avait certainement sept à bord du paquebot, même si je ne pouvais pas jurer d'avoir vu les sept monter dans le petit bateau.

"M. Greene, dit la dame debout au milieu de ses trésors restants, tous maintenant ouverts, vous ne valez rien en voyage. N'étais-tu pas en retard ? Mais l'esprit de M. Greene était plein et il ne répondit pas.

« Il a été volé sous vos yeux », a-t-elle poursuivi.

"C'est absurde, maman", dit Sophonisba . « Si jamais il sortait du bateau à vapeur, il rentrait certainement dans la maison. »

«Je l'ai vu hors du bateau à vapeur», a déclaré Mme Greene, «et il n'est certainement pas dans la maison. Monsieur Robinson, puis-je vous demander d'envoyer chercher la police ? — immédiatement, s'il vous plaît, monsieur.

J'étais déjà allé deux fois à Bellaggio , mais j'ignorais néanmoins leur système de police. Et puis, encore une fois, je ne savais pas quel était le sens italien de ce mot.

«Je vais parler au propriétaire», dis-je.

« Si vous avez la bonté d'appeler immédiatement la police, je vous en serai obligé. » Et tandis qu'elle réitérait ainsi son ordre, elle frappa du pied sur le parquet.

"Il n'y a pas de police à Bellaggio ", a déclaré Sophonisba .

« Que diable dois-je faire pour avoir de l'argent pour continuer ? » dit M. Greene en regardant piteusement le plafond et en lui serrant les deux mains.

Et maintenant, toute la maison était en émoi, y compris non seulement le propriétaire, sa femme et ses filles, et tous les domestiques, mais aussi tous les autres visiteurs de l'hôtel. Mme Greene n'était pas du genre à cacher sous le boisseau ses gloires et ses chagrins, et, bien qu'elle ne parlât qu'en anglais, elle rendit bientôt ses protestations suffisamment audibles. Elle protesta haut et fort qu'elle avait été volée, et qu'elle l'avait été depuis qu'elle avait quitté le bateau à vapeur. La caisse était arrivée à terre ; elle en était tout à fait certaine. Si le propriétaire avait quelque égard soit pour son propre caractère, soit pour celui de sa maison, il s'assurerait avant la fin d'une heure où elle se trouvait et qui avait été le voleur. Elle lui donnerait une heure. Et puis elle s'est assise ; mais au bout de deux minutes, elle était de nouveau debout, vociférant ses torts aussi fort que jamais. Tout cela était filtré à travers moi et Sophonisba jusqu'au serveur en français, et du serveur au propriétaire ; mais les gestes de la dame n'exigeaient aucune traduction pour les rendre intelligibles, et l'état de son esprit à ce sujet était, je crois, parfaitement bien compris.

M. Greene, j'ai vraiment eu pitié. Ses sentiments de consternation semblaient tout aussi profonds, mais son chagrin et sa sollicitude étaient réprimés dans plus de décorum. "Que dois-je faire pour de l'argent?" il a dit. "Je n'ai pas un shilling pour continuer !" Et il regardait toujours le plafond.

« Vous devez envoyer en Angleterre », dit Sophonisba .

"Cela prendra un mois", a-t-il répondu.

"M. Robinson vous laissera avoir ce que vous voulez pour le moment », a ajouté Sophonisba . Je l'avais certainement dit et je le pensais à l'époque. Mais tout mon argent de voyage ne dépassait pas quarante ou cinquante livres, avec lequel j'allais à Venise, puis retournais en Angleterre par le Tyrol.

Attendre un mois l'argent de M. Greene en provenance d'Angleterre pourrait être encore plus gênant pour moi que pour lui. Puis je me suis rendu compte que les besoins de la famille Greene seraient nombreux et coûteux, et que mon petit capital ne serait qu'un petit peu parmi tant d'autres. Et s'il n'y avait eu ni argent ni bijoux dans cette maudite boîte ! J'avoue qu'à ce moment une telle idée m'est venue à l'esprit. On entend dire que des hommes de main de tous côtés commettent des déprédations au moyen d'intrigues et d'artifices des plus singuliers. Il n'est peut-être pas possible que l'ensemble des Greene appartiennent à cet ordre de société. C'était une idée de base, je l'avoue ; mais j'avoue que je l'ai diverti un moment.

Je me retirai un moment dans ma chambre pour réfléchir à toutes les circonstances. Il y avait certainement sept cartons, et l'un d'eux avait un trou dans la toile. Tous les sept étaient certainement à bord du paquebot. À tel point que je sentais que je pouvais jurer en toute sécurité. Je n'avais pas compté les sept personnes embarquées dans le petit bateau, mais en quittant le plus grand navire, j'avais regardé autour du pont pour voir qu'aucun des atours de Greene n'était oublié. S'il avait été laissé sur le bateau à vapeur, c'était grâce à l'intention d' une personne employée là-bas. Il était fort possible que le contenu de la boîte ait été découvert grâce à l'imprudence de Mme Greene, et qu'elle ait été transportée afin qu'elle puisse être fouillée à Côme. Quant à l'affirmation de Mme Greene selon laquelle tous les cartons avaient été mis dans le petit bateau, je n'y ai pas prêté attention. Les gens de Bellaggio ne savaient peut-être pas quelle boîte voler et n'avaient pas non plus eu le temps d'élaborer un plan pour transporter les boîtes jusqu'à l'hôtel. J'arrivai enfin à cette conclusion, que la malle manquante avait été volée et transportée à Côme, auquel cas il ne faudrait pas perdre de temps pour la retrouver ; ou que cela avait été caché d'une manière inhabituellement intelligente, par les Greenes eux-mêmes, comme excuse pour emprunter autant d'argent qu'ils pouvaient en récolter et vivre sans payer leurs factures. A propos de cette dernière hypothèse, je me suis déclaré que Greene n'avait pas l'air d'un escroc ; mais quant à Mme Greene… ! J'avoue que je ne me sentais pas aussi en confiance à son égard.

La charité commence à la maison, alors je me suis installé confortablement dans ma chambre, me sentant presque certain de ne pas pouvoir quitter Bellaggio le lendemain matin. J'avais ouvert mon portemanteau à mon arrivée, le laissant ouvert sur le sol comme à mon habitude. Certaines personnes se font toujours voler et mettent toujours tout sous clé ; tandis que d'autres errent en toute sécurité à travers le monde et ne mettent jamais rien sous clé. Pour ma part, je ne tourne jamais de clé nulle part, et personne ne me vole même un mouchoir. Cantabit vide —, et je suis toujours suffisamment vide . Peut-être n'ai-je pas un mouchoir qui vaille la peine d'être volé. C'est votre Greenes lourdement chargé, méfiant et maladroit que les voleurs attaquent. Je découvris alors que les accommodants Boots, qui connaissaient déjà mes habitudes, avaient emmené mon équipement de voyage dans un renfoncement sombre destiné à servir de dressing, et y avaient étendu mon porte-manteau ouvert sur une table ou un tabouret dans un coin. . C'était un arrangement commode, et je l'ai laissé là pendant toute la durée de mon séjour.

Mme Greene avait donné au propriétaire une heure pour trouver la boîte, et pendant ce temps, le propriétaire, la logeuse, leurs trois filles et tous les domestiques de la maison ont certainement fait de leur mieux. Une demi-douzaine de fois, ils sont venus à ma porte, mais je me prélasse dans une baignoire, rattrapant le départ de Chiavenna à quatre heures . Je leur ai cependant assuré que la boîte n'était pas là et que la fouille s'est donc déroulée sans succès. Au bout d'une heure , je retournai chez les Greene, comme promis, après avoir décidé qu'il fallait envoyer quelqu'un à Côme pour s'occuper de l'objet manquant.

Il n'était pas nécessaire de frapper à la porte de leur salon, car elle était grande ouverte. Je suis entré et j'ai trouvé Mme Greene toujours occupée à attaquer le propriétaire, tandis que tous les porteurs qui avaient porté les bagages jusqu'à la maison se tenaient debout. Sa voix était plus forte que celle des autres, mais, heureusement pour tous, elle parlait anglais. Le propriétaire, je le vis, devenait boudeur. Il parlait italien et aucun de nous ne le comprenait, mais j'ai compris qu'il refusait de faire quoi que ce soit de plus. La boîte, il en était certain, n'était jamais sortie du paquebot. Les Boots ont assuré l'interprétation en français et, faisant office de deuxième interprète, je l'ai mis en anglais.

M. Greene, qui était assis sur le canapé, a gémi de manière audible, mais n'a rien dit. Sophonisbe , qui était assise à côté de lui, frappait le sol avec ses deux pieds.

« Entendez-vous, M. Greene ? » dit-elle en se tournant vers lui. « Voulez-vous permettre que cette énorme quantité de biens soit perdue sans effort ? Êtes-vous prêt à remplacer mes bijoux ?

"Ses bijoux!" dit Sophonisbe en me regardant. "Papa a dû payer la facture pour chaque point qu'elle avait quand il l'a épousée." Ces derniers mots furent prononcés de manière à n'être audibles que par moi, mais sa première exclamation fut assez forte. Étaient-ce des gens pour qui cela valait la peine de retarder mon voyage et de me causer de sérieux ennuis en matière d'argent ?

Quelques minutes après, je me trouvais avec Greene sur la terrasse devant la maison. "Que dois-je faire?" a-t-il dit.

« Va à Côme, dis-je, et occupe-toi de ta boîte. Je resterai ici et monterai à bord du bateau de retour. C'est peut-être là.

« Mais je ne parle pas un mot d'italien », dit-il.

« Prends les bottes », dis-je.

"Mais je ne parle pas un mot de français." Et puis cela s'est terminé par mon engagement d'aller à Côme. Je jure que l'idée m'a frappé que je ferais aussi bien de prendre mon porte-manteau avec moi et de m'enfuir une fois arrivé là-bas. Les Greene n'étaient rien pour moi.

Cependant, je ne l'ai pas fait. J'ai fait une promesse au pauvre homme et je l'ai tenue. Je n'emportai qu'une trousse de toilette, car je savais que je devais coucher à Côme ; et, résolu ainsi à perturber tous mes plans, je partis. J'étais au milieu d'un paysage magnifique, mais il me semblait tout à fait impossible d' en tirer aucune jouissance, ni de cela ni de quoi que ce soit autour de moi. Tout mon esprit était livré à des anathèmes contre cette odieuse boîte, dont j'avais sans doute de lourdes raisons de me plaindre. Quelle était la boîte pour moi ? Je suis allé à Côme par le bateau à vapeur de l'après-midi et j'ai passé une longue et morne soirée sur les quais des bateaux à vapeur à chercher partout et en vain. Le bateau par lequel nous avions quitté Colico était retourné à Colico , mais les gens juraient qu'il n'avait rien laissé à bord. Il était tout à fait possible qu'une telle caisse ait pu se rendre à Milan avec les bagages d'autres passagers.

J'ai dormi à Côme, et le lendemain matin je suis parti pour Milan. Il n'y avait aucune trace de la boîte dans cette ville. J'ai fait le tour de tous les hôtels et bureaux itinérants, mais je n'en ai rien entendu. Des groupes s'étaient rendus à Venise, à Florence et à Bologne, et n'importe lequel d'entre eux aurait pu prendre la boîte. Personne cependant ne s'en souvenait ; et je retournai à Côme, et de là à Bellaggio , arrivant à ce dernier endroit à neuf heures du soir, déçu, fatigué et mécontent.

« Monsieur a-t-il trouvé la malle maudite ? dit les Bottes Bellaggio en me rejoignant sur le quai.

« Au nom du…, non. N'est-il pas apparu ici ?

« Monsieur, dit les Bottines, nous serons tous bientôt fous. Le pauvre maître, il est déjà fou. Et puis je suis monté à la maison.

"Mes bijoux!" cria Mme Greene en se précipitant vers moi les bras tendus dès qu'elle entendit mon pas dans le couloir. Je suis sûr qu'elle m'aurait embrassé si j'avais trouvé la boîte. Cependant, je n'avais pas mérité une telle récompense. "Je n'entends rien parler de la loge ni à Côme ni à Milan", dis-je.

« Alors, que dois-je faire pour mon argent ? » dit M. Greene.

Je n'avais ni dîner ni souper, mais l'aîné des Greenes s'en fichait. M. Greene resta silencieux, désespéré, et Mme Greene se déchaîna dans la pièce avec colère. «J'ai peur que vous soyez très fatigué», dit Sophonisba .

«Je suis fatigué, j'ai faim et soif», dis-je. Je commençais à me mettre en colère et à me croire maltraité . Et cette idée d'une famille d'escrocs redevint forte. Greene m'avait emprunté dix napoléons avant mon départ pour Côme, et j'en avais dépensé plus de quatre au cours de mon voyage infructueux vers cet endroit et Milan. Je commençais à craindre que tout mon projet concernant Venise et le Tyrol ne soit détruit ; et j'avais promis de rencontrer des amis à Innspruck , qui, qui étaient de loin préférables aux Greene . Au fil des événements, je les ai rencontrés. Si j'avais échoué, l'actuelle Mme Robinson n'aurait pas été assise en face de moi.

J'allai dans ma chambre, m'habillai, puis Sophonisba présida pour moi la table à thé. "Que devons-nous faire?" m'a-t-elle demandé dans un murmure confidentiel.

"Attendez de l'argent d'Angleterre."

« Mais ils penseront que nous sommes tous plus intelligents », a-t-elle déclaré ; " et, ma parole, je ne m'en étonne pas, vu la manière dont cette femme se comporte. " Elle se pencha alors en avant, posant son coude sur la table et son visage sur sa main, et me raconta une longue histoire de tous leurs malaises familiaux. Son papa était un homme très bon, seulement il avait été ridiculisé par cette femme intrigante, qui s'était retrouvée sans six pence pour se bénir. Et maintenant, ils n'avaient plus que querelles et misère. Papa n'en souffrait pas toujours ; papa pouvait parfois se réveiller ; seulement maintenant, il était abattu et intimidé par la perte de son argent. Cette confiance murmurée était très agréable à sa manière, vu que Sophonisbe était une jolie fille ; mais toute cette affaire semblait pleine de soupçons.

«S'ils ne voulaient pas vous accueillir d'une manière, ils l'ont fait d'une autre», a déclaré l'actuelle Mme Robinson, lorsque je lui ai raconté l'histoire à Innspruck . Je prie qu'il soit entendu qu'au moment de ma rencontre avec les Greene, je n'étais pas fiancé à l'actuelle Mme Robinson et j'étais ouvert à contracter tout engagement matrimonial qui aurait pu me plaire.

Le lendemain matin, après le petit déjeuner, nous tinmes un conseil de guerre. J'avais été informé que M. Greene avait fait fortune et que j'avais raison de le présumer comme un homme riche. Il me semblait donc que sa démarche était facile. Laissez-le attendre à Bellaggio pour plus d'argent, et quand il rentrera chez lui, laissez-le acheter d'autres bijoux à Mme Greene. Un homme pauvre suppose toujours qu'un homme riche est indifférent à son argent.

Mais en vérité, un homme riche n'est jamais indifférent à son argent, et le pauvre Greene a regardé ma proposition d'un air très vide.

"Voulez-vous dire que c'est parti pour toujours ?" Il a demandé.

« Je ne quitterai pas le pays sans en savoir plus », a déclaré Mme Greene.

"C'est certainement très étrange", a déclaré Sophonisba . Même Sophonisbe semblait penser que j'étais trop désinvolte.

"Il me faudra un mois avant de pouvoir obtenir de l'argent, et ma facture ici sera énorme", a déclaré Greene.

"Je ne leur paierais pas un sou avant d'avoir reçu ma boîte", a déclaré Mme Greene.

"C'est absurde", a déclaré Sophonisba . Et c'était ainsi . « Tenez votre langue, mademoiselle ! » dit la belle-mère.

"En effet, je ne tiendrai pas ma langue", a déclaré la belle-fille. Pauvre Greene ! Il avait perdu bien plus que sa boîte au cours des douze derniers mois ; car, comme je l'avais appris dans cette conversation chuchotée à la table à thé avec Sophonisbe ; c'était en réalité le voyage de noces de son papa.

Un autre jour était maintenant écoulé et nous nous sommes tous couchés. Si je n'avais pas été bien bête, je me serais fait appeler à cinq heures du matin et je serais parti par le bateau de bonne heure, laissant derrière moi mes dix napoléons. Mais, malheureusement, Sophonisbe m'avait exigé de me promettre de ne pas le faire, et ainsi toute chance de passer un jour ou deux à Venise était perdue pour moi. De plus, j'étais complètement fatigué et presque content de toute excuse qui me permettrait de me coucher le lendemain matin. Je suis resté au lit jusqu'à neuf heures, puis j'ai retrouvé les Greene au petit déjeuner.

« Allons voir les jardins Serbelloni », dis-je dès que le repas silencieux fut terminé ; "ou prenez un bateau jusqu'à la Villa Sommariva ."

« Cela me plairait tellement », dit Sophonisba .

« Nous ne ferons rien de tel jusqu'à ce que j'aie trouvé ma propriété », a déclaré Mme Greene. "M. Robinson, quel arrangement avez-vous pris hier avec la police de Côme ?

« La police à Côme ? J'ai dit . "Je ne suis pas allé voir la police."

« Ne pas aller voir la police ? Et voulez-vous dire que je dois être dépouillé de mes bijoux et qu'aucun effort ne soit fait pour obtenir réparation ? N'existe-t-il pas de gendarme dans ce misérable pays ? Monsieur Greene, j'insiste pour que vous vous rendiez immédiatement chez le consul britannique le plus proche.

«Je suppose que je ferais mieux d'écrire à la maison pour de l'argent», dit-il.

"Et tu veux dire que tu n'as pas encore écrit ?" dis-je, probablement avec une certaine acrimonie dans la voix.

"Tu n'as pas besoin de gronder papa", dit Sophonisba .

« Je ne sais pas ce que je dois faire », dit M. Greene, et il commença à marcher de long en large dans la pièce ; mais il n'a toujours pas demandé de plume et d'encre, et j'ai recommencé à sentir que c'était un escroc. Était-il possible qu'un homme d'affaires, qui avait fait fortune à Londres, permette à sa femme de conserver tous ses bijoux dans une boîte et d'y transporter son propre argent ?

"Je ne vois pas pourquoi tu es si malheureux, papa", dit Sophonisba . "M. Robinson, j'en suis sûr, vous laissera à l'heure actuelle tout l'argent dont vous aurez besoin. C'était agréable !

"Et M. Robinson me rendra-t-il mes bijoux qui ont été perdus, je dois le dire, en grande partie à cause de sa négligence", a déclaré Mme Greene. C'était plus agréable !

« Ma parole, Mme Greene, je dois le nier », dis-je en me levant d'un bond. « Qu'aurais-je pu faire de plus que ce que j'ai fait ? Je suis allé à Milan et j'ai failli me cogner à mort.

"Pourquoi n'as-tu pas ramené un policier avec toi ?"

« Vous diriez à tout le monde à bord du bateau ce qu'il y avait dedans », dis-je.

«Je ne l'ai dit à personne d'autre qu'à toi», répondit-elle.

"Je suppose que vous voulez dire que j'ai pris la boîte," répondis-je. De sorte que, ce troisième ou quatrième jour de notre connaissance, nous ne continuâmes pas ensemble de manière très agréable.

Mais ce qui m'ennuyait peut-être le plus, c'était la confiance avec laquelle M. Greene semblait avoir l'intention de s'appuyer sur mes ressources. Il n'avait certainement pas encore écrit à ma maison, et avait pris mes dix napoléons, comme un ami peut prendre quelques shillings à un autre lorsqu'il découvre qu'il a laissé son argent sur sa table de toilette. Qu'aurait-il pu vouloir de dix Napoléons ? Il avait allégué la nécessité de payer les porteurs, mais les quelques francs qu'il avait en poche auraient suffi pour cela. Et maintenant, Sophonisbe lui assurait sans cesse qu'il n'avait pas besoin de s'inquiéter de l'argent, parce que j'étais à sa droite. Je montai dans ma propre chambre et, comptant tous mes trésors, je constatai que trente-six livres et quelques pièces d'argent constituaient l'étendue de ma richesse. Avec cela, je devais au moins aller jusqu'à Innspruck , et de là revenir à Londres. Il était tout à fait impossible que je me rende responsable du projet de loi des Greene à Bellaggio .

Nous dînâmes de bonne heure, et après le dîner, conformément à une promesse faite le matin, Sophonisbe monta avec moi dans les jardins Serbelloni et fit le tour des terrasses de cette belle colline qui domine la vue sur les trois lacs. Quand nous avons commencé, j'avoue que j'aurais préféré y aller seul, car j'en avais marre des Greene au plus profond de mon âme. Nous avions passé une journée horrible. L'aubergiste avait été si souvent mandé, qu'il refusait de se montrer de nouveau. La propriétaire – bien que les Italiens de cette classe soient toujours courtois – avait été si motivée qu'elle avait claqué des doigts au visage de Mme Greene. Les trois filles ne voulaient pas se montrer. Les serveurs se tenaient à l'écart autant que possible ; et les Bottines, en toute confiance, me les injurièrent derrière leur dos. « Monsieur, » dit les Bottines, « pensez-vous qu'une telle boîte ait jamais existé ?

«Peut-être pas», dis-je; et pourtant je savais que je l'avais vu.

J'aurais donc préféré marcher sans Sophonisbe ; mais cela était désormais impossible. J'ai donc décidé de profiter de l'occasion pour lui parler de mon objectif actuel. J'avais résolu de partir le lendemain, et il fallait maintenant faire comprendre à mes amis qu'il n'était pas en mon pouvoir de leur accorder une nouvelle aide pécuniaire.

Sophonisba , lorsque nous étions sur la colline, semblait avoir oublié la boîte et vouloir que je l'oublie aussi. Mais c'était impossible. Alors, quand elle me dit combien il était doux d'échapper à cette terrible femme, et qu'elle s'appuya sur mon bras avec toute la liberté d'une vieille connaissance, je fus obligé d'interrompre le plaisir du moment.

«J'espère que votre père a écrit cette lettre», dis-je.

« Il compte l'écrire depuis Milan. Nous savons que vous désirez partir, c'est pourquoi nous avons l'intention de partir d'ici après-demain.

"Oh!" dis-je en pensant immédiatement à l'addition et en me rappelant que Mme Greene avait insisté pour avoir du champagne pour le dîner.

"Et s'il faut faire quelque chose de plus à propos de la vilaine boîte, cela peut se faire là-bas", continua Sophonisba .

"Mais je dois y aller demain," dis-je, "à 5 heures du matin".

"C'est absurde", dit Sophonisba . "Partez demain, quand moi, je veux dire nous, partons le lendemain !"

« Et autant vous expliquer, » dis-je en laissant doucement tomber la main qui était sur mon bras, « que je trouve… je trouve qu'il me sera impossible… de… de… »

"À quoi?"

"Pour avancer plus d'argent à M. Greene juste à l'heure actuelle." Puis le bras de Sophonisbe tomba d'un seul coup et elle s'écria : « Oh, M. Robinson ! »

Après tout, il y avait chez Miss Greene un certain bon sens qui l'aurait protégée de mes mauvaises pensées si j'avais connu toute la vérité. J'ai découvert par la suite qu'elle était une héritière considérable et, malgré l'opinion exprimée par l'actuelle Mme Robinson lorsqu'elle était Miss Walker, je ne pense pas un seul instant qu'elle m'aurait accepté si je lui avais proposé.

« Vous avez bien raison de ne pas vous embarrasser », me dit-elle lorsque je lui expliquai ma situation immédiate ; mais pourquoi as-tu fait à papa une offre que tu ne peux pas exécuter ? Il doit rester ici maintenant jusqu'à ce qu'il ait des nouvelles de l'Angleterre. Si vous aviez tout expliqué d'abord, les dix Napoléons nous auraient emmenés à Milan. Tout cela était vrai, et pourtant je pensais que c'était dur pour moi.

Il était évident pour moi maintenant que Sophonisba était prête à se joindre à sa belle-mère pour penser que je les avais maltraités, et je ne doutais pas beaucoup que M. Greene fût du même avis. Nous ne parlâmes pas grand-chose de plus pendant la promenade, et lorsque nous arrivâmes à l'hôtel à sept heures ou sept heures et demie, je disais simplement que j'entrerais et souhaiterais au revoir à son père et à sa mère. «Je suppose que vous boirez du thé avec nous», dit Sophonisba , et j'y consentis.

J'entrai dans ma propre chambre et mis toutes mes affaires dans mon porte-manteau, car selon la coutume qui est invariable en Italie lorsqu'on part de bonne heure est prémédité, les Bottines étaient impératives en exigeant que les bagages soient prêts pendant la nuit . Je me rendis ensuite au salon des Greene et constatai que tout le monde était désormais au courant de mes intentions.

« Vous allez donc nous abandonner », dit Mme Greene.

«Je dois continuer mon voyage», ai-je plaidé d'une faible voix d'excuse.

« Continuez votre voyage, monsieur ! » dit Mme Greene. « Je ne voudrais pas un instant que vous vous mettiez en difficulté à cause de nous. Et pourtant j'avais déjà perdu quatorze napoléons et renoncé à aller à Venise !

"M. Robinson a certainement raison de ne pas rompre ses fiançailles avec Miss Walker », a déclaré Sophonisba . Or, je n'avais pas dit un mot sur mes fiançailles avec Miss Walker, n'ayant mentionné qu'incidemment qu'elle ferait partie de la fête à Innspruck . "Mais, continua-t-elle, je pense qu'il n'aurait pas dû nous induire en erreur." Et c'est ainsi que nous avons apprécié notre repas du soir.

J'étais sur le point de leur serrer la main, avant mon départ définitif de leur présence, lorsque les Bottines entrèrent dans la pièce.

«Je laisserai la valise jusqu'à demain matin», dit-il.

"Très bien", dis-je.

« Parce que, dit-il, il y aura une telle foule de choses dans la salle. La grosse malle, je vais l'emporter maintenant.

« Grande malle, quelle grosse malle ? »

"La malle avec votre tapis dessus, sur laquelle se trouvait votre valise."

J'ai regardé autour de moi M., Mme et Miss Greene et j'ai vu qu'ils me regardaient tous. Je les ai regardés autour de moi, et lorsque leurs yeux ont rencontré les miens , j'ai senti que je devenais rouge comme le feu. J'ai immédiatement bondi et me suis précipité dans ma propre chambre, entendant au fur et à mesure que tous leurs pas me suivaient. Je me précipitai vers le renfoncement intérieur, démontais le porte-manteau qui restait encore à sa place ancienne, arrachai mon propre tapis qui recouvrait le support en dessous, et là j'aperçus : une boîte recouverte de toile blanche, avec un trou dans la toile. du côté à côté de moi !

«C'est ma boîte», dit Mme Greene en me repoussant, alors qu'elle se précipitait et mettait son doigt dans le loyer.

"Cela y ressemble certainement", a déclaré M. Greene en regardant par-dessus l'épaule de sa femme.

"Il n'y a aucun doute sur la boîte", a déclaré Sophonisba .

"Ce n'est pas le moindre dans la vie", dis-je en essayant de prendre un air indifférent.

«Mon Dieu!» dit les Bottes.

« Corpo di Baccho !» s'exclama le propriétaire, qui s'était désormais joint à la fête.

"Oh-h-h-h-!" » a crié Mme Greene, puis elle s'est jetée sur mon lit et a poussé un cri hystérique.

Il n'y avait aucun doute sur ce fait. Il y avait la boîte perdue, et elle était là pendant toutes ces heures fastidieuses de recherches infructueuses. Pendant que je souffrais de toute cette fatigue à Milan, dépensant mes précieux zwanzigers à me déplacer d'un hôtel à l'autre, la boîte était en sécurité, debout dans ma propre chambre à Bellaggio , cachée par mon propre tapis. Et maintenant que c'était découvert, tout le monde me regardait comme si tout était de ma faute.

Les yeux de Mme Greene, lorsqu'elle eut fini d'être hystérique, étaient terribles, et Sophonisba me regarda comme si j'étais un voleur condamné.

« Qui a mis la boîte ici ? » Dis-je en me tournant violemment vers les Bottes.

« Je l'ai fait, » dirent les Bottines, « sur l'ordre exprès de Monsieur.

"Sur mon ordre?" M'écriai-je.

"Certainement", répondirent les Bottines.

« Corpo di Baccho !» dit le propriétaire, et il me regarda aussi comme si j'étais un voleur. Pendant ce temps, l'hôtesse et les trois filles s'étaient rassemblées autour de Mme Greene, lui offrant toutes sortes de consolations italiennes. La boîte, l'argent et les bijoux étaient après tout une réalité ; et bien des incivilités peuvent être pardonnées à une dame qui a réellement perdu ses bijoux et qui les a réellement retrouvés.

Ici et là, il y eut un brouhaha parmi nous sur la manière dont l'odieuse malle s'était introduite dans ma chambre. Si quelqu'un avait eu juste assez de sang-froid pour considérer la question, il aurait dû être tout à fait clair que je n'aurais pas pu le commander là-bas. Quand j'entrai dans l'hôtel, les cartons étaient déjà trimballés et je n'en avais parlé à personne. Ce traître Moufle l'avait fait, sans aucun doute sans intention malveillante ; mais il l'avait fait ; et maintenant que les Greene étaient à nouveau connus comme des gens riches, il s'est retourné vers moi et m'a dit en face que j'avais désiré que cette boîte soit emportée dans ma propre chambre comme faisant partie de mes propres bagages !

"Ma chère", dit M. Greene en se tournant vers sa femme, "vous ne devriez jamais mentionner le contenu de vos bagages à qui que ce soit ."

«Je ne le ferai plus jamais», dit Mme Greene avec un air faussement repentant, «mais je pensais vraiment…»

"On ne peut jamais être sûr d'avoir des affûteurs", a déclaré M. Greene.

"C'est vrai", a déclaré Mme Greene.

"Après tout, cela a peut-être été accidentel", a déclaré Sophonisba , en entendant cette supposition bon enfant, papa et maman Greene ont secoué la tête méfiante.

J'étais alors résolu à ne rien dire. Il était pratiquement impossible qu'ils pensaient réellement que j'avais eu l'intention de voler leur boîte ; et s'ils le pensaient, il ne m'aurait pas convenu de me justifier devant le propriétaire et tous ses serviteurs. Je restai donc là en silence, tandis que deux des hommes soulevaient la malle et se joignaient au cortège qui la suivait alors qu'elle était transportée de ma chambre dans celle du propriétaire légitime. Tout le monde dans la maison était là à ce moment-là, et Mme Greene, se réjouissant du triomphe, ne leur refusa en aucun cas l'entrée dans son salon. Elle s'était sentie soupçonnée, et maintenant elle était déterminée à ce que le monde de Bellaggio sache à quel point elle était au-dessus de tout soupçon. La loge fut déposée sur deux chaises, les porteurs qui la portaient reculant chacun d'un pas. Mme Greene s'avança alors fièrement avec la clé choisie, et M. Greene se tenait à son épaule droite, prêt à recevoir sa part du trésor caché. Sophonisba était maintenant indifférente et se jeta sur le canapé, tandis que je parcourais la pièce d'un air pensif, réfléchissant aux mots que je devrais dire lorsque je ferais mes derniers adieux aux Greene . Mais en marchant , je pouvais voir ce qui se passait. Mme Greene ouvrit la boîte et exposa pour voir les amples plis d'un énorme vêtement de laine jaune. Je pouvais imaginer qu'elle n'aurait pas exhibé volontiers cet article de toilette, si elle n'avait senti que son existence se fondrait bientôt en présence des gloires qui devaient suivre. Il s'agissait simplement du rembourrage en haut de la boîte. En dessous se trouvait une longue boîte en papier mâché , dans laquelle se trouvaient tous ses trésors. « Ah, ils sont en sécurité », dit-elle en ouvrant le couvercle et en regardant ses perles et ses anthrax sordides.

M. Greene, pendant ce temps , connaissant bien le passage pour sa main, avait plongé jusqu'au fond de la boîte et s'était emparé d'un petit sac de toile. "Il est ici", dit-il en le tirant, "et autant que je sache, le nœud n'est pas encore dénoué." Sur quoi il s'assit près de Sophonisbe , et l'employant pour l'aider à les tenir, il commença à compter ses rouleaux. « Ils vont bien, dit-il ; et il essuya la sueur de son front.

Je n'avais pas encore décidé de la manière dont je pourrais le mieux prononcer mes derniers mots parmi eux afin de maintenir la dignité de mon caractère, et maintenant je me tenais face à M. Greene, les bras croisés sur la poitrine. J'avais sur le visage un froncement de mécontentement, que je suis capable d'assumer à l'occasion, mais je n'avais pas encore décidé quels mots j'utiliserais. Après tout, peut-être vaudrait-il mieux que je les quitte sans dire un dernier mot.

« Greene, ma chère, dit la dame, payez à ce monsieur ses dix napoléons. »

"Oh oui, certainement;" sur quoi M. Greene défit un des rouleaux et en sortit huit souverains. « Je crois que cela arrangera les choses, monsieur, » dit-il en me les tendant.

Je pris l'or, le glissai d'un air indifférent dans la poche de mon gilet, puis repliai mes bras sur ma poitrine.

« Papa, » dit Sophonisba dans un murmure très audible, « M. Robinson est allé vous chercher à Côme. En effet, je crois qu'il dit qu'il est allé à Milan.

« Ne laissez pas cela être mentionné », dis-je.

« Payez-lui ses dépenses par tous les moyens », dit Mme Greene ; "Je ne lui devrais rien pour des mondes."

"Il devrait être payé", a déclaré Sophonisba .

"Oh, certainement", a déclaré M. Greene. Et il en sortit aussitôt un autre souverain et me le présenta devant la multitude assemblée.

C'était trop ! "M. Greene, lui dis-je, j'avais l'intention de vous rendre service lorsque j'irais à Milan, et vous serez les bienvenus pour bénéficier de mes intentions. Les frais de ce voyage, quel qu'en soit le montant, sont mon affaire. Et je suis resté debout, les bras fermés.

« Nous n'aurons aucune obligation envers lui », a déclaré Mme Greene ; " et j'insisterai pour qu'il prenne l'argent. "

"Le domestique le mettra sur sa coiffeuse", dit Sophonisba . Et elle remit le souverain aux Bottines en lui donnant des instructions.

"Gardez-le vous-même, Antonio," dis-je. Alors l'homme le jeta au plafond avec son pouce, le rattrapa en tombant et, d'un air satisfait, le laissa tomber dans le fond de sa poche. L'air des Greene était également très satisfait, car ils estimaient qu'ils m'avaient entièrement payé pour tous mes services.

Et maintenant, avec de nombreuses révérences obséquieuses et des assurances de profond respect, le propriétaire et sa famille se retirèrent de la pièce. "Y avait-il autre chose qu'ils pouvaient faire pour Mme Greene ?" Mme Greene était tout à fait affable. Elle avait montré ses bijoux aux filles et leur avait permis d'exprimer leur admiration avec de jolis superlatifs italiens. Elle ne voulait rien d'autre ce soir. Elle était très heureuse et aimait Bellaggio . Elle resterait encore une semaine et se rendrait très heureuse. Et, bien qu'aucun d'eux ne comprît un mot de ce que disait l'autre, chacun comprit que les choses étaient désormais roses , et ainsi, avec des grattages, des arcs et des sourires grimaçants, le propriétaire et tous ses myrmidons se retirèrent. M. Greene comptait toujours son argent, souverain par souverain, et j'étais toujours debout, les bras croisés sur ma poitrine.

«Je crois que je peux maintenant y aller», dis-je.

«Bonne nuit», dit Mme Greene.

«Adieu», dit Sophonisba .

«J'ai le plaisir de vous souhaiter au revoir», a déclaré M. Greene.

Et puis je suis sorti de la pièce. Après tout, à quoi bon dire quoi que ce soit ? Et que pourrais-je dire qui m'aurait rendu service ? S'ils étaient capables de me prendre pour un voleur, ce qu'ils ont certainement fait, rien de ce que je pourrais dire ne pourrait effacer cette impression. Il ne convenait pas non plus, comme je le pensais, de me défendre contre une telle imputation. Qu'étaient les Greene pour moi ? Je suis donc sorti lentement de la pièce et je n'ai plus jamais revu aucun membre de la famille depuis ce jour jusqu'à aujourd'hui.

Alors que je me tenais sur la plage le lendemain matin, pendant que mon portemanteau était remis dans le bateau, j'ai donné aux Boots cinq zwanzigers . J'étais déterminé à lui montrer que je ne daignais pas éprouver de la colère contre lui.

Il a pris l'argent, m'a regardé en face, puis m'a chuchoté : « Pourquoi ne m'as-tu pas prévenu à l'avance ? » dit-il en clignant de l'œil. Il était évidemment un voleur, et il me prenait pour un autre ; mais qu'importe ?

De là je me rendis à Milan, ville dans laquelle je n'avais pas le cœur de regarder quoi que ce soit ; de là jusqu'à Vérone, et ainsi par le col du Brenner jusqu'à Innspruck . Une fois que je me suis retrouvé près de mes chers amis les Marcheurs, j'étais de nouveau un homme heureux ; et je peux déclarer en toute sécurité que, bien qu'une partie de mon voyage ait été si pénible et malheureuse, je considère ce voyage comme l'époque la plus heureuse et la plus chanceuse de ma vie.